AF435143

ELDER LAVERGNE

COLINAS ETERNAS

FILOSOFÍA CÓSMICA
EDITORIAL ORIGEN ESTELAR

Título: Colinas Eternas

Autor: Elder Lavergne.

Lavergne, Elder

Colinas eternas : pensamientos y reflexiones / Elder Lavergne. - 1a ed.

Ciudad Autónoma de Buenos Aires : Origen Estelar, 2020.

ISBN: 978-987-47541-4-1

Diseño y diagramación: Jesica Miramontes

CONTENIDO

AGRADECIMIENTOS

Unir las palabras a un sentir siempre me resultó un trabajo arduo. Pero explicar todos los abundantes instantes que tiene el existir me lleva siempre a un peculiar estado, real y delineado donde toda mi existencia cobra sentido. Lo inmaterial me contiene y me alienta a despejar todo aquello que no comprendo.

Siempre sentí que en aquellos bosques en los que solía jugar de pequeña habitaban muchas otras cosas además de troncos, ramas y hojas de infinitos colores. Podía percibir todo el mundo creado por las distintas manifestaciones, que estaban allí aguardándome sin reparo. Crecí creyendo y sintiendo. Todo ello fortaleció estos pequeños escritos que hoy les comparto. No tienen intención de quedar alojadas en letras doradas, solo dejarles un tiempo breve, un viaje infinito y un aroma, quizá el que ustedes aporten.

Dedico este singular libro a todos aquellos que creen, que sienten y que se permiten.

Quiero agradecer a mi compañera espiritual Anael. Por el tiempo y dedicación a mi mundo, por hacer posible a través de su espectacular creación que este libro sea materia. Cada página está iluminada por su impronta, con respeto y amor. Agradezco su sentir a la existencia y a su inquebrantable ánimo para que cada pequeñita expresión aflore y tenga vida. Juntas hemos compartido otras rutas en los Universos, los eones ya quedan en el infinito. El presente es hoy y agradezco sentir sus pasos, su voz, su propósito, su fuerza. Despliego mis alas para seguir su vuelo de creadora, traductora de todos los mundos infinitos.

Quiero dedicar este libro a Tomás por elegirme como portal. Por sus carreras incansables en nuestro departamento de Madrid, esquivando muebles, tratándome de alcanzar y expresar las sorprendentes travesuras de Mafalda y su pandilla. El niño creció y hoy seguimos envueltos en imágenes, letras, historias, correcciones, en este mundo infinito de los símbolos para darle el sendero que guarda la esencia, la luz y la alegría.

A Andrés Nieto por recordarme cada día que los jeans gastados tienen vigencia.

A Kika por dejarme ver sus manos, por permitir imaginar su dolor y expectación en aquel barco que la llevaba de joven a otras tierras lejanas, por su voluntad cuando los números le querían hacer una mala jugada detrás de los mostradores habitados por panes. Ella no dudó y avanzó dejándose tocar por la abundancia de las tierras que ofrecen.

PRÓLOGO

En este tiempo disruptivo buscamos aquello que sea diferente, genuino y que aporte valor a nuestra vida, pero sobre todo a nuestro tiempo. Cansados de lo mismo de siempre, nos permitimos leer aquellos libros que en otras ocasiones hubieran pasado desapercibidos, quizás. Nos atrevemos a profundizar en la filosofía y en la hermenéutica, en la poesía y en la lírica contemporánea, en la historia e incluso en monografías.

Durante un tiempo leí mucha poesía, he de decir que fueron los primeros libros que estuvieron en mis manos y en mi corazón. Con Hernández se abrió un canal en mi mente, pero con Aleixandre, mi alma explotó en mil sentires. Por supuesto, hubo un poco de Bécquer y mucho de Tagore. Tuve la suerte de rodearme de ellos, de aquellos personajes que hicieron historia pero que también cambiaron los pensamientos de su época. Esto lo echo de menos. Hoy en día son los políticos o los periodistas de circos mediáticos quienes implantan las formas de pensar al pueblo. Pero en aquellas épocas la intelectualidad asentaba bases en la psique del humano y todos se esforzaban en ser mejores.

Frases como "No la toques ya más, que así es la rosa" de Juan Ramón Jiménez, provocaron que hubiera un despertar en mi, comprendiendo que la vida es sencilla y que pequeños detalles son los que nos hacen recordar quienes somos. Es por ello que cuando leo los escritos de Elder

Lavergne, ellos me devuelven a los aromas de un tiempo que no está aquí. Como ella dice, "no son poemas lo que escribo, sino tejidos". Reconozco que la lectura de Elder está fuera de la métrica y de la estructura académica, que su lírica es abstracta, que sus versos son atemporales y que juega con un dominio absoluto del tiempo.

Los Tejidos que van a encontrar en este libro son sutiles, pero que penetran en lo profundo, que barren nuestras entrañas y las purifican. Para mi son el oxígeno, el alimento y la conexión absoluta con esa magia que existe tras los velos. Sus descripciones de lo humano, del amor universal y de la divinidad hacen que sientas el impulso de explorar en tu interior, pero a la vez te impulsa a querer ver la vida a través de sus ojos. De saber interpretarla a un ritmo que solo Elder nos marca y nos anima a seguir.

La autora nos invita a ser observadores y a saber mirar. Sus reflexiones incitan a la apertura mental, a abandonar todo tipo de prejuicio y de concepto. Es por ello que la lectura de este libro que tienes en tus manos ha de estar abierta a que el aire puro que transmiten sus versos imprima en tu ser otra geometría. Quizás así puedas observar los inmensos universos que habitan en la cosmogonía de Elder Lavergne.

ANAEL

TEJIDOS

COLINAS ETERNAS

Colinas eternas en llano paisaje,
lluvia fresca de otros tiempos.
Mis ojos atraviesan el cristal
polvoriento del inmenso trasto.
Mientras observo mis manos
sujetas al volante, ruedas gigantes
giran en solemne quietud.
Y yo niña traviesa, sentada en la
destartalada cabina, una y mil
veces emprendo el viaje.

Las tardes suman las gloriosas
horas que sirven de camino,
donde ruedan vertiginosas mis
ilusiones. Ellas me llevan a otros
sitios, geografías pobladas de
todos los colores. Formas lejanas,
ideas etéreas.

Giro el volante porque la curva lo
exige.
Me siento dueña de esta inmensa
máquina, que de manera risueña
me ofrece libertad quieta.

Estática oferta de sabia viajera.
Sinfonía desengrasada compone
el susurro, de todos los giros del
mundo.
Mágica relación entre ambas:
niña valiente, máquina silenciosa.
Añejos recuerdos en súbito latir,
carreteras iluminadas por la
generosa luna.

El Sol ya ofrece sombra sobre mis
agotadas manos que se sienten
cansadas de tanto tránsito.
Vuelvo al instante, retorno al
presente de niña traviesa que
juega en el particular patio.

VIBRACIONES ETERNAS

Vibraciones eternas
ocupan el no espacio.
Silencio armonioso
de partículas danzando.

Eones azules pasan a mi lado,
Memoria de punto, de círculo.
Pulso cósmico de todas las vidas
sin carne ni emoción.

Entera sostengo
la cavidad del todo, existencia en
esencia. Sumergida me lleno de
geometrías etéreas.

Mallas azules de refugios amorosos,
distancia infinita,
aromas y almas.
Instante completo,
expansión sin líneas uniformes

SURCOS SAGRADOS

El todo conjuga los tiempos, sabiendo
que me pertenece.
Acompaño a la sensación eterna,
y segura, comprendo aquel instante.
El ahora le da la bienvenida,
allí, todo era.
Hoy, todo soy.

Capullo geométrico, materia pueril.
Manitas pequeñas posan sobre las
mismas manos, oxígeno sabio de
existencia.

Surcos sagrados
sirven de alfombras donde transitar las
ofertas infinitas.

Instrumentos en cristal.
Las hojas se mecen al compás del
aire fresco, pequeñas campanitas
acompañan la tierra azul. Mentes
etéreas, corazones pausados.
Armonía y sustento,
ahora materia.

FRENTE A FRENTE

Inmersa en el paisaje,
mi existencia pueril.
Refugio de vidas, siento a mi alrededor.
Ojos direccionados
mil formas descubren.
Y soy invitada a descender desde mi puesto
de observador, en lo alto del árbol.
Lentamente, mis pies responden y
se entregan a la magia,
alfombra vivaz de colores dispersos,
de fragancias perfectas.
La armonía se llena de ramitas
que se quiebran.
Todo rebosa de existencia,
de luz.
Inmersa en el paisaje
recupero aquel instante,
mis manos añejas buscan el cobijo
del árbol esbelto,
sereno y pujante.
Frente a frente nos reconocemos,
aceptando que el tiempo
nos acompañó a ambos.

UN DESTIEMPO ÉPICO

Desde mi simple lugar de observador,
se sucede ante mí un destiempo épico,
fuerza y poder de dioses enormes
mientras busco en el sentir un ejercicio
elevado, una lírica aún no dibujada que
espera, que aguarda.

Lo posible se abre en las palabras y el
aliento en el infinito canto.

VOY DEJANDO

Voy dejando que me observes y anoto tu asombro.

Aguardo en mi tiempo a ofrecerme en esencia,

nada perturba la propuesta que nos hicimos sin forma.

En cada puesta de sol, me recojo para ahorrar energía,

sabiendo que mañana otra vez pasarás a mi lado.

Mirarás el entorno y volverás a expresar

la misma ansiedad que te sume en un nudo recogido.

Siente el color verde de mis hojas,

el marrón ancestral de mi tallo.

Cada día te aguardo en el ejercicio de un todo,

cada día te miro apurar el paso.

Sin aflojar tu garganta dura de penas.

Voy dejando que me observes y anoto tu asombro,

voy dejando que no me venza tu pureza Eterna.

ALMA PURA

Alma pura, cuanto juego hay a tu alrededor,
tu esencia se ofrece virgen.
Tu voz risueña dibuja las probabilidades
futuras y tu espontaneidad las hace
presente.

Alma pura, todo lo ves.
Y avanzas recogiendo las incertidumbres de
aquellos otros.
Emociones en cuerpo, vacíos perennes,
claridades sujetas en temblorosas manos.
Acunas en cálidas nanas a los enormes
viajeros, poderosas voces de todos los
tiempos.
Arropados entre tus sedas eternas,
ellos descansan.

Alma, reconoces en ti que eres de otro
tiempo. Deslizas entre tus dedos el instante
en el que ellos creen amar con alas.

Alma pura, sabes de tu presente,
de tu vehículo sutil
de tu viaje.

ARGENTINA

Siento el pulsar eterno
de la fuente divina.
En silencio, aguardo,
partículas en geometría que
viajan en un sendero azul.
Habito la calma.
Desde mi esencia plateada,
soy geografía.
Mar, tierra, líneas uniformes.
Soy un conjunto de letras,
inmensa Argentina.
Nido me siento,
cobijo de núcleos divinos.
Aguardo paciente vuestra llegada,
seres de este no tiempo.
Memorias de llantos mágicos,
todo siento en mi alma,
cristal de amor.
El punto me acompaña desde
aquel inicio.
Todos desplegáis las alas,
vuestra madre os habla:
¡Hijos del universo,
transitad la certeza,
voz única del todo!

SUELTO

Siento el soplo
sobre los ojos dormidos.
Mis oídos somnolientos
intentan mantener el mimo
de la sinfonía cósmica.
En arrullos de hogar,
el tacto me recoge.
En geografías de lino,
suelto.
Sintiendo la certeza
de que ya te dibujé el camino,
suelto.
Y observo mis dedos que se repliegan
aliviados sin tiempo.
Las mañanas nacen,
luz de punto y de círculo.
Comprendo la amorosa secuencia,
la combinación manifestada.
Compás de almas:
dormidas,
despiertas.
Te suelto.
Luz pueril, resumen de aquellos sueños,
impulso
partículas en hombres.

TOMO TU MANO

Tomo tu mano, partícula divina.
Mis labios besan en silencio tu piel de hombre.
Nunca he olvidado
la esencia creada.
Dibujo y desdibujo con certeza
todos los recorridos,
continuos circuitos cincelados entre estrellas.
Tomo tu corazón sagrado,
manifestación eterna de creadores ofertados.
Sin descanso alguno,
me permito pausa.
Una posada en el todo.
Observo nacer todas las partículas,
sustento la fuente tibia.

AQUELLOS
　　　QUE CREEN

La brisa leve y etérea
sacudió el pulso de mi mano en calma.
Me asomé entre los pliegues del universo,
dejando en libertad el inicio del impulso.
Soplo sagrado de gargantas sabias,
propósitos de aquellos que creen.
Me insinúo sabiendo el brillo que aloja mi contorno.

MÁGICA MIRADA

Siento tu respirar en el universo,
soplidos pequeños e intensos.
Siento tu poder,
siento el cristal de tu alma.
Siento aun tu transparencia encarnada
y me cuentas la sucesión de los días,
alojado en el movimiento eterno.
Me dejas
en el recorrido consciente de lunas y soles,
mientras siento tu respirar a mi lado.
Y puedo detener cualquier lágrima,
aflojar el instante, el adiós.
Me dejo elevar en tu viaje de regreso hacia
la fuente, corro detrás de ti
envuelta en tu poder y tu fuerza.
Pasos gigantes de pisadas sutiles,
la expansión juega con nosotros
y las mariposas estelares
detienen el vuelo en tu hocico negro.
No hay límites sin emoción,
mágica mirada detrás de tu eterno impulso.

COMPRENDO

Comprendo.
Desplazo mi aliento
de jerarquía encarnada.
Desde mi punto, observo
el palpitar que me rodea.
Tierra frágil y azul,
sincera manifestación de nuestro sueño.
Tomo el impulso y os hablo,
habito junto a vosotros.
Me uno a vuestros dedos firmes
que marcan aquel horizonte.
Mañanas cósmicas
donde surge la voz del Señor de los
Tiempos.
Cristos de estos presentes eones,
allí os llevo,
en vibración cálida
allí os dejo.
Nido en fuente,
todos formáis mi partícula y yo la vuestra.
Hoy habitamos esta esfera,
siento vuestro impulso,
habito este tiempo.

NIÑA

Las gotas mojan mi cara, al mismo tiempo que mi recuerdo
trae la línea del horizonte, el viento pueril.
Y aquellas gotas mojando mis mejillas de niña a orillas de
las aguas plata.
Jugaba a mirar fijamente aquel horizonte,
línea final de todas las ilusiones.
Niña, ¿cómo vas a reconocerle, si solo ha sido un sueño?
¿Cómo vas a reconocerle, si apenas le has tenido en tus brazos?
Cuerpecito rosado, cincelado en luz y amor universal.
El tiempo te lleva y te trae.
¿Cómo le reconociste, siendo una mujer?
El instante creció en pausa
y eternamente, vislumbraste la calma de todos los universos,
dibujados en sus ojos brillantes.
Entendiste, desde aquel instante, que ambas ya lo habían escrito.
Los días en cada amanecer, las palabras perennes,
todas las Geometrías risueñas.
Las manos extendidas fueron el pulsar,
¡sabia tierra que elige sincronías estelares!
¿Cómo no le ibas a reconocer bajo la luz de almas hermanas?
Las gotas ya no mojan tus mejillas gastadas.
Habilitas el horizonte, ligero de portales,
viajas a su lado, sustentando todos sus presentes.

LA ARMONÍA
Y SUS HIJOS

Dedos inquietos tocan su silueta
acentuando aquella paciencia con la que aguardan.
Sin prisa, se dejan y esperan el oportuno instante de
inspiración,
juguetear en el alma de la luz en cuerpo.
Aguardan el momento,
reconocen la llamada.
Todo pertenece a la arquitectura cósmica
y avanzan arrojando flujos de historias.
Nuevas palabras,
Armonía sin malla.
Se dejan libres para nuestro deleite, seguros,
animándonos a recoger el vínculo etéreo,
a sentir la emoción de deambular por la esencia de sus almas.
Nos arrojan a la emoción de observar el dibujo de otros
senderos,
nos enseñan su seno lleno de luz blanca:
la armonía y sus hijos.

ZOMBIS

La desesperación les evidencia.
Como zombis quejosos transitan, alejados del latir de la sangre.
Ellos piensan en humanos,
viven imitando aquella emoción.
Esperan su turno cuidando el segmento de la larga fila
hacia aquello que es la muerte.
Mientras, forman familias, compran casas,
hacen que hacen.
A sus destartalados oídos llegan voces, a sus ciegos ojos
llegan formas.
Destellos de luz danzan a su lado, los zombis no bailan.

ESPALDA VACÍA

La tarde lluviosa de eternos otoños
me abre la puerta para acunar
mi espalda vacía.
Acompaño el canto de amor ligero
que suelta mi garganta madura.
Bajo el frescor envolvente,
los latidos húmedos
animan a desdibujar la cavidad cansada
de callosos dolores,
de herencias contraídas.
El sonido se hace constante,
habitado de burbujas anhelantes
permeando la tierra de almas presentes.
La lluvia también suelta,
líquido de antaño.

EL AZUL VIAJA

El azul viaja en líquido de amor.
Y se siente relleno de viejos surcos
de piel ajada.
El azul viaja
y sigue buscando llegar a todos los
sitios,
permitiendo que el líquido le
susurre al oído qué lugar, qué
sendero
recibirá la magia del amor.
Corre dándose prisa, libre.
Despliega humedad entre las
tierras universales,
cuna de algunas almas,
geometrías en carne, vehículos
sagrados.
Todo lo cubre abandonándose en
impulso, gotas de alegría bañan las
mejillas.
Quizás de aquellas formas que
sintieron la inspiración.

EN EL VERBO DEL SILENCIO

Vuelo extendiendo mis alas, vuelo
habitando el Uno.
Siento la unidad en mis aguas claras
y cristalinas.
Recipiente del Universo,
paseante del cielo.
Sumo la expansión
en senderos recientes.
Ángel solar en Geometría Divina,
gota más gota,
me ofrezco
en el Verbo del Silencio.

MOLDE DIVINO

Chasquido de dedos certeros
en ejercicio divino.
Tu alma escuchó el impulso
mientras dormías en el nido eterno,
voces cálidas de amor te traen
nacidas de gargantas que entonan nanas.
Circuitos soleados recuerdan tu esencia,
viaje placentero entre eones y cristales.
Con una impaciente calma,
eliges senderos multicolores.
Dibujas vuelos de alma
nueva transparente y fresca.
Reverencias cósmicas,
bendicen tu respiración cristalina
en sincronía perfecta.
Tu sonrisa de luz nos ubica en una edad temprana
de niño pueril y sabio.
En esta esfera azul
vives ofertado en un molde distinto, sustentando
su espiral en ascenso.
Cuerpo cincelado de experiencia,
columna y entramado.
Anatomía de otros mundos,
conjunción de maestros en ejercicio divino.

OBSERVO EL PRIMER LATIDO

Observo el primer latido
tomada de tu mano.
Mil formas convergen
dando existencia a este presente.
Etérea, observo la geografía en silencio.
Habito la creación,
Madre cósmica, escucho tu canto.
La leche eterna que viertes
sella el enlace.
Símbolos nacidos en el cosmos, despiertas,
y el vacío se impregna.
Todo me ofreces:
origen y perfección.
Y despliego el cuadrado
para habitar mi centro.
Intuitiva avanzo,
golpeando la puerta

NIÑA ETERNA

Vuelvo a tomarte de la mano,
niña eterna.
Allí yo ya estaba jugando a tus ilusiones,
soñando tus etéreos sueños,
haciendo fluir existencias de sangre,
de forma, de materia delineada.
Recuerdo la pertenencia,
escucho y asiento.
Ahora tu voz,
armonía azul, suena por debajo de tus límites en
pueriles cuadrados.
Escucho y consagro,
Recuerdo la pertenencia.
Cada tanto me ofrezco y te susurro.

SINFONÍA

Sinfonía azul,
fuente dorada.
Amanecer de nido
entre bostezos lentos.
Inicio de sincronías,
todo sucede.
Voces repletas de savia eterna
empujan los sonidos
hacia la dirección soñada.
Comprendo el soplido que se convirtió en impulso
de aquellos gigantes,
padres y hermanos.
Recuerdo vuestras palabras lanzadas
como semillas multicolores
hacia esta esfera azul.
Comprendo.
Recuerdo.

EL ESPEJO DEL UNIVERSO

Brotan palabras de cada uno depositando los ojos en el otro.
Silenciosamente,
el cuarzo comienza su ejercicio y ahí nos reencontramos
aceptando el espejo del universo.

PUZZLE INFINITO

Somos todos partes de este puzzle
infinito.
Despierta, recuerdo el susurro del Elder
en mis oídos, mientras dormía.
Una confianza cósmica allí me envolvía,
juego de distancias en tiempo y espacio.
Ahora, en el ejercicio de mi cuerpo,
recojo el eterno instante de ser
sin geografía.

EL AHORA

El Ahora me compromete a
lanzarme amorosamente
hacia la esencia del todo y la nada.
Quieta, tomo el hilo de la
espontánea ocurrencia y salgo a
ese viaje.
Mi desnudez se hace fuerte.
Sin palabras, sin contorno,
me ubico en un segmento.
Sin espera, aguardo.
Sin paisaje, observo.

CROMÁTICA ESENCIA

Deambulo por la cromática de la esencia
y juego a emanar desde allí
círculos inocentes.
El amor me observa,
aumentando la verdad en mi interior.

EL CAMINO SE INICIA

El camino se inicia.
Allí, aún todo es posible.
Allí, aún el ego habita con desparpajo.
Escenarios reales se interpretan
animados por imitaciones,
por ejercicios copiados de aquello que anhelamos.
La ceguera se aferra
y la insensibilidad tapona nuestros oídos.
El camino se inicia,
bendiciendo con humildad este reconocimiento.

DESPEDIDA

Deambulan inquietos, viviendo sus inconformismos.
Van y vienen, dibujando y desdibujando el mismo camino.
Un instante
y luz para todos ellos.
La vieja tierra se despide
con conciencia o sin ella.

ALAS DESPLEGADAS

La interrelación aflora.
Las palabras se manifiestan con los sonidos.
Las energías bailan haciendo coreografías cercanas.
Y la magia instala una nueva sabiduría.
Mi reconocimiento aumenta
y ahora trato de no olvidar aquellas alas desplegadas.

IMPLICACIÓN

La implicación está ahí,
llamando a nuestra puerta.
La alegría nos anima como elemento.
Una esperanza cósmica
se descubre en nuestro interior
y sin saber más,
nos permitimos vivir sintiendo su influjo.

LABERINTO DE PALABRAS

Me lanzo al laberinto de las palabras
sabiendo que sus significados
son protegidos por el Minotauro.
El vértigo aparece.
Él, con su feroz figura, las protege
porque así está programado.
Y descubro que no hay miedo ya,
aguardo tranquila,
sabiendo que el hilo será mi guía
y Ariadna la luz.

LA CREACIÓN NOS OBSERVA

La creación nos observa
alojados en la incertidumbre,
en un vivir inquieto
donde creemos tener que optar por alguna postura.
Inconclusos,
continuamos creyendo que ya sabemos.
La creación nos observa, animada,
impulsándonos
a colisionar con la inspiración.

LA HORA ESTIMADA

Voy dando pasos y la agitación se insinúa. La tarde
cae y el camino se dibuja.
La luz del sol de forma mágica ubica a cada parte
del paisaje en color y en forma,
siguiendo el tic- tac de la hora estimada.

Voy ascendiendo
y paso a paso comprendo
que no es otro trayecto de tarde de verano.

Un instante y todo se merece el "perfecto"
y de manera sutil me animo
a pedir que me acompañes, Maestra Sabia.

EL MOMENTO

Con amor acepto el despliegue.
Con sabiduría arropo aquellas células
que toman la voz de las partes dormidas.
En un segmento del cosmos
 me encuentro en esencia
y desde allí ilumino el momento.

EL OTOÑO CAE EN EL BIERZO

El paisaje nos acoge comprometido,
en el acto de compartir su color,
armonía y sonido.
El otoño cae en el Bierzo,
de la misma manera que el erizo cae del castaño
al suelo,
con el fruto en su interior
maduro,
para ofrecernos su sabor característico.
El otoño cae en el Bierzo.

E L   E G O

El ego se camufla en los recovecos
aparentemente iluminados de nuestro Ser.
Juega a ser solidario,
se disfraza de amor incondicional,
de luz espontánea,
de compromiso imperecedero.
Reconocer dónde estamos
y qué quiere este compañero intruso,
nos habilita para interrelacionar con el cosmos
y con su dulce melodía.

EL BRILLO DETERMINA MI EXISTENCIA

El brillo determina sus existencias,
lejos titilan, animando las voces.
Miro el cielo
y encuentro refugio.
Profundo siento el latir
de una inmensidad madura.
Mucho ya he recorrido,
solitario y preciso.
Estrellas hogares,
sonidos de iguales
dan tranquilidad a incierto destino
y busco las voces mientras avanzo
en epopeyas cósmicas.
Tierra celeste me arrojas
a muchos caminos de hombres pueriles
y ante ellos,
mis manos sujetan con
firmeza el caduceo sabio.
Recuerdo las voces de cada uno de mis
Hermanos, la morada.
Círculo eterno donde la existencia descansa.
Los pasos suman senderos
que completan la visible encarnación.
Apartando los egos, los recuerdos en lágrimas,
me amparo abriendo el límite de esta malla.
El brillo determina también mi existencia.

LA MIRADA PERDIDA

Observar desde algún ángulo
el entramado vetusto.
Sentir el recorrido
dando libertad a todas las experiencias.
Mis manos acarician cada parte de la madera,
mi mente busca recuerdos.
Ventanas que fueron testigos
de aires verdes, de luz en el cielo
de olores, de primavera,
de voces en el crepúsculo.
Todo a mi alrededor tiene esa pausa
que gobierna la reflexión,
la existencia.
El tiempo sumó los trayectos,
el alma se dejó llenar.
Más allá encuentro la calma
sintiendo la madera en inspiración.

MAR DE TIEMPOS

De frente al mar, observas las ondas que dibujan las olas.

Ellas juegan, queriéndose atrapar unas a otras.

Sientes su música, voces atemporales dejadas en la arena.

Y tú ya sabes, querida Hermana,

de frente al mar, observas la línea del horizonte repleta de

aletas.

Allí se replican enormes soplidos seguidos de lluvias,

de gotas.

Sientes sus cantos, los giros celestes alabando tu instante

y te posas en el impulso de todos los Universos.

Tu cuerpo pierde sentido,

la materia se desvanece,

dando lugar a que otros cuerpos felices, tengan su calma.

De frente al azul

tu decidiste la playa,

donde anunciar lo eterno, lo inmortal.

La vibración que, de tan nueva, se asoma con

prudencia y que también te eligió a ti, a tu geometría

y a tu alma,

El nacimiento y la muerte,

juntas se dejan estar en ti, en tu magnificencia.

El tiempo queda sin aliento

y el viento acompaña a la espuma,

fijando los rumbos de los recuerdos. Alabada seas, Hermana.

Tu respirar navega, fijando rumbo hacia tu Origen Estelar

Alabado seas, cetáceo de esta tierra.

EN EL SILENCIO

En el silencio, en calma, escucho tu voz.
Sonidos primordiales llenan el eco
de cada elevación.
La vida es eterna en la acción de la creación.
Apuntas,
el viento aparece ofreciendo una contundente ráfaga,
dejando creado el instante del movimiento,
reflejo de voluntad.
Apuntas,
las ondas se acercan llenas de líquido fresco,
rebalsando de azul la cavidad finita.
Fue el propósito, fue el impulso
fue una jerarquía, fue uno de ellos.
Apuntas,
los eones animaron la malla,
como rutas estelares, fijaron la luz.
El descenso fue inminente,
se formaron cuerpos y las conciencias los
habitaron.
Siento el sol en mi cara,
la tierra caliente donde mi cuerpo posa.
Observo el tiempo y escucho las voces,
imagino la encrucijada.

JINETE ESTELAR

Agapanto explorador.
¿Qué buscas firme y erguido hacia lo alto?
Las nubes no calmarán tu anhelo de jinete estelar.
Despreocupadas ellas, corren al son del viento buscando sus
propios destinos.
En tu anhelo les das vuelo a tus finos tallos recargados de
clorofila
que disparados apuntan hacia aquella estrella anulada por
la luz del sol.
Aplaudes los claros eternos con relinchos como sentencias.
Ahí justo, entre los rayos y las pompas de algodón,
tú estás esperando mientras la música suena en la tierra,
acordes de aves que no quieren detener su vuelo.
Observas, miras
sin apartarte de tu rebelión.
¡Ay, raíces que escondes!
El jardín fue un espacio, un tiempo, una experiencia.
Alejado del ruido del observador
acompañas al presente,
mientras despides al tiempo que todo lo convierte en viejo.
Espacio que todo lo llenas,
el verde es tu malla, azul es tu horizonte.
La brisa, la nana.

INSTANTE ETERNO

El viento golpea la ventana
y anima a que ella se abra.
El tiempo ya dejó su contenido
sumado en todos los días.
Y me observo dentro de este cuerpo,
sabiendo.
Festejo el instante eterno,
dándose paso.
Lejanas voces
de pasados y futuros
buscan refugio en el movimiento.
Ya no importa la historia
que dibujaron los días.
Festejo el instante sin espacio,
dando permiso a la
eternidad

ESCRITOS
LIBRES

Estos escritos nacieron libres, de singular contenido, cuyas líneas responden a sí mismas.

El espacio aportó las múltiples formas y cada palabra siguió al sonido que se impuso, con delicadeza, a la idea. Mis manos escribieron las letras bajo la música ininterrumpida de la musa del Cosmos. Mi alma se dejó y la conciencia manifestó.

LA VALENTIA DE ACEPTARNOS

¿Somos capaces de ser nada? ¿Somos capaces de no emitir palabra? Hay tiempos que, en el mismo acto del transcurrir, la costumbre marca un determinado accionar. Y entonces vivimos instantes de múltiples vocablos, ideas, pensamientos, emociones. Nos contagiamos y sumamos tiempo en constante sucesión, reiterando circuitos sin fin. Distraídamente, nos sumergimos en los laberintos de otros.

Tomamos ideas que enarbolamos en su máxima potencia y más aún si nos descongestionan cualquier inquietud, y ni qué decir tiene si estas palabras amigas nos expulsan de algún estado de desesperación. Pero ¿seríamos capaces de escapar de la prematura memoria de calidez, de desdibujar el circuito que fue creado desde el seno cuando ante cualquier peligro, los brazos maternos fueron los más fuertes refugios? ¿Seríamos capaces de ser Nada? ¿De detenernos, observar y asumir?

La ignorancia de Uno, de nosotros mismos, nos hace vulnerables, nos arroja a compartimentos oscuros, lejos de la esencia. ¿Podemos ser capaces de lanzarnos en un acto sin piedad y afrontar la verdad universal donde nos espera la sabiduría como salvamento? Quizás en ese melancólico vuelo resurja el tímido sentir de que no necesitamos a nadie para gritar, soltar y volver a diseñarnos. A veces, jugamos a decir, a descifrar actos que nada tienen que ver con nuestro presente, pero la voz amiga nos reclama, nos pide atención sobre ellos. ¿Y entonces podríamos no emitir palabra? Ay, pero cuánto remordimiento recaería sobre nosotros, sobre nuestras espaldas porque no nos permitimos experimentar la lejanía del saber escuchar y aún más del poder ayudar.

¿Y si nos detenemos y le hablamos a ese impulso automatizado? ¿Y si observamos con voluntad esa atención innecesaria? Quizás el amor, quizás la calma, le darían al Otro el necesario tiempo para reforzar su único y sabio viaje.

Es tiempo de observar con diplomacia las dos caras de la moneda donde muchas veces fuimos los que reclamamos y otras veces los que aconsejamos. En el proceso alentador de la existencia todo es, árbol y fruto, raíz y tierra. Infinitos hilos sabios se recogen en cada interior, esperando a que nuestra valentía sea el único impulso, el sublime soplo que nos traerá desde la esencia, el oxígeno de las palabras amigas.

Acostumbrar a dejarnos permear de nuestra sabiduría, de que la elección como conciencias singulares y viajeras nos vuelve libres en un tiempo y en un espacio, explorando el movimiento del Universo y el nuestro. Desdibujar y crear, materializar una realidad sin repeticiones, sin patrones, donde el silencio nos encuentre dialogando.

LOS HIJOS DEL SOL

Todo se rodea de luz. Y es así como veo vuestro existir. Miro cada rincón del espacio donde hoy decidí estar y todo se halla bajo un incesante brillo. Nada se detiene en el constante devenir del día.

Miro hacia el Sol, focalizando en mi mente, que no disimula en detenerse. Inquieta, me golpea, me empuja hacia el rincón donde sabe que guardo silenciosos interrogantes. Allí donde los recluyo para el momento donde sé que estaré sola con mi leve inspiración.

Vuelvo a mirar hacia el Sol, cierro los ojos y los tonos rojos varían de intensidad a lo sutil: baileteo de puntitos, líneas encendidas, explosión de geometría sin dirección. La relajación se confunde con la comodidad que me ofrece la tumbona donde hoy descansa mi cuerpo, en medio del espacioso jardín.

El tiempo se aleja de la sincronicidad del reloj y el espacio no cree en la distancia, así estoy saltando el horizonte, líneas lejanas, haciéndome creer a mí misma que ustedes, conciencias, hijos del Sol, me escuchan. Y aunque creo pertenecer a la disciplina interna de ir avanzando con cautela, de tomar con delicado transitar aquello que se manifiesta como eterno, me invade una cercanía que resulta explosiva. Sucede con total normalidad. «Existimos ofreciendo, aportando nuestra esencia sin más. Nuestra naturaleza es inagotable. La luz surge de nuestra evolución, de nuestro avance hacia el Origen. El camino es nuestra existencia»

Siento salir del concepto de diálogo mientras se desdibuja la atención de mi mente. Los Hijos del Sol me estaban hablando, ajenos a una añeja plataforma que sólo es distracción. Circuitos inconexos donde la palabra usa sonidos rotos, disfónicos. Ellos habían captado esas zonas de mí, donde el anhelo había dejado de imponerse para aceptar con naturalidad que en el Universo todo es. Y que somos manifestaciones aportando la elevación. Expandida sin los límites del pensamiento, me abandoné en aquella única dirección que se formó entre ellos y yo.

«Ofrecemos luz hacia todo el sistema llamado solar, a lo que llamamos nuestra familia» dijeron. Y continuaron «Sustentamos la vida y por ello nuestra oferta es infinita, inagotable. Ser es mucho más allá del ejercicio natural de ofrecer lo que somos. La luz que irradiamos a todos los planetas es toda nuestra sabiduría nacida y comprendida en nuestro centro, en nuestro núcleo. Y cada ciclo de expansión hacia el Sistema Solar se inicia como un camino ascendente que tiene un punto álgido para luego descender. Así nos expresamos hacia la vida que sustentamos. Buscamos la excelencia en nuestro existir. Observamos y ofrecemos bocanadas de partículas iniciadoras, ondas libres hacia cada rincón del Sistema Solar y mucho más allá, hacia experiencias infinitas».

Mientras me disipaba en la sutileza de la conexión, me reafirmaba en mi peculiar sentir con sabia insistencia en disfrutar sólo de los primeros rayos de sol de cada mañana y del ligero calor de los rayos del atardecer. Siempre alenté en mí la innegable conexión con el inquietante mundo de la Naturaleza, sus leyes, su incomparable sabiduría donde el humano solo debe obedecer sin más. Y ahora, esa forma innata que tanto me caracterizaba era sustentada por aquellas voces solares.

Sé que nada externo es capaz de subrayar lo que uno como savia inteligente tiene en su esencia, pero sentí la dulzura de sus palabras desdibujando aquella frontera que mi mente engañosa había delimitado. Los pensamientos crean ese espacio entre las formas llamadas imágenes y nosotros traspasamos con dulzura eso que el mismo pensamiento no se atreve a cruzar. Quise quedarme en el amor en una pertenencia infinita. Mucho más allá, quise quedarme en una onda nacida de un centro solar.

DIVINIDAD DE LA CONCIENCIA

¡Soltar!

Alejarnos de nuestro propio boicot sobre la divinidad que somos. Hallarnos ligeros en nuestra existencia y así habitar el brillo de nuestra geometría única y sabia. Permitir que los años vividos, si así es nuestra experiencia, hayan sido de total aprendizaje. Las edades han forjado tiempos excelsos para nosotros, donde la encarnación tomó de la mano al templo físico y juntos transitaron este peculiar planeta, dejando estelas singulares para otros, a quienes seguramente jamás les podamos ver el brillo de su mirada. Así es la existencia, ondas que se manifiestan tan lejanas y a la vez tan cercanas, un viaje sobre esta esfera azul cruzando puntos infinitos de un Universo en total expansión.

La Divinidad es nuestro sello como conciencias que desde nuestro origen estelar elegimos para coexistir entre otras conciencias, manifestaciones, geometría y formas. La encarnación nos muestra posibles moldes y nosotros tomamos uno, lo experimentamos a pleno, sintiendo cada compartimento diagramado para saborear soledad, plenitud, vacío, lleno, silencio, ruido, amor, desamor, nostalgia, pertenencia. Y bajo la luz de cada amanecer, avanzamos, porque adoramos durante cada mañana abrir nuestros ojos, emocionados de sentir el palpitar del corazón. Tocamos con la punta de nuestros dedos la simpleza del día dorado, a pesar de los otros tonos que en él se manifiestan.

La divinidad nos transforma en raros, peculiares. Llenos de emoción, sintiendo que ya todo se une en ese punto eterno y fugaz. Los límites son pequeñas travesuras, síntomas de un envejecido dolor, miedo y desasosiego; explosiones atómicas descontroladas de un pasado en el Universo, cuando el impulso tocó el botón para definitivamente ser. El presente nos trae innumerables instantes, encrucijadas, silencios y sorprendentes recuerdos. Caminos estelares y azules, agua y cristal, Cristos y esencias. El Todo queriendo expresar.

El celeste de tus ojos se fijaron en los míos. Y solté.

REALIDADES DESVELADAS

¿Qué importa el tiempo?

La lluvia cae mojando las raíces de nuestro existir, dando potencia y claridad. ¿Qué importa la secuencia puntual de ese reloj inventado? ¡Hoy y siempre festejo el nombre sin límite que nos define, allí donde la materia cruzó los velos!

Despido a lo fugaz, despido a la memoria. La voz que juzga ya dejó colgado su desgastado abrigo en el perchero para finalmente refugiarse en cualquier recodo del tiempo.

Vivir es lo inmediato como la flor que apura al brote después de la lluvia. Así es como surge la belleza, los filamentos sagrados.

Nos despertamos de repente porque así es. Las gotas de agua animan a sus hermanas para formar el oasis donde la existencia espera a ser bebida.

¿Qué hay más allá de la fuente que une al padre y a la madre alejados del acto de engendrar la materia?

Buscamos despiertos el conocimiento, aquel que en las nuevas bocas desvelarán contenidos, los nuevos impulsos que servirán a los hombres sin nombres.

Jugamos con inocencia primaria entre las gotas que luego serán torrente, aunque ya somos viejos en este recorrido de los surcos en forma de carreteras cósmicas.

Olvidadizos del momento en que fuimos divinos, no por la bendición de la fuente sino porque la esencia se dividió en porción para poder encajar en la gran sabiduría cósmica.

Y aún así seguimos buscándonos, averiguando a través de lo que no podemos describir, sosteniendo el timbre de la voz que aún se resguarda en el nido.

¿Y si solo somos un punto de dónde nace el conocimiento?

Fuimos el pasado de muchas tierras, esferas, resultado de la íntima alegría de ser.

¡Abismo y luz (donde no fuimos engendrados porque huimos de los límites de las formas) impulso nacido, ay de alguna voz!

El camino como imagen, como sendero se ofrece para ser transitado. Altos y bajos, ya nada importa. La tierra nos regala naturaleza y el cielo, alas.

El hombre buscador se enmaraña en los deseos cuando el amanecer le anuncia lo posible, sin sensaciones.

Mientras, el amor en su voluntad infinita nos envolverá en su manto sereno para devolvernos ante la Fuente, desnudos, para definitivamente Ser.

EL SALÓN DE LOS ELDERES

EN LOS SALONES UNIVERSALES LOS ELDERES HABLAMOS DE LAS VOLUNTADES

La conciencia en su estado puro siente el impulso, se contagia y se expande.

Las dimensiones inferiores sirven para la observación y es allí donde el encarnado ininterrumpidamente cruza los puentes sagrados, observa su Origen, se reconcilia con su geometría y obedece.

Las escrituras, las palabras, los sonidos reciben respeto. Lejos quedan las distracciones (pensamiento, emoción) porque en su expansión se fue soltando lo irreal del "humano" no nacido. La conciencia siente las improntas para definitivamente seguir el viaje, envuelta en luz. Las voluntades requieren de silencio, de soledad y en ese estado se reencuentran con la sabia verdad y aguardan al impulso que se definirá como el Creador. El que aportará, sintiendo lo puro y conteniéndolo sin más.

Esperarán el preciso momento para dejarlo depositado donde la faz de la luz lo indique. Allí quedará su impronta.

Y ENTONCES....

EN LOS SALONES UNIVERSALES LOS ELDERES HABLAMOS DE LA SABIDURÍA EMANADA

Ella quedó en espera en lo profundo de la conciencia.

Tiene voz constante y potente en los Universos donde es considerada una eterna hermana.

Es riqueza, es viaje.

Tiene una impronta reconciliadora porque concede probabilidades como caminos.

Y unida a la luz nos lanza a las palabras, aún no diseñadas, que son el camino del Creador.

Ella nació de sí misma en los tiempos eternos.

DESDE LOS SALONES UNIVERSALES LOS ELDERES HABLAMOS DE LA DUALIDAD

En comunión con las otras jerarquías contemplamos las dimensiones y las probabilidades, bendiciendo las elecciones; porque ellas como caminos "todavía" serán las que tenga que superar el Iniciado.

En el propósito de cada miembro de este Salón Universal, está contemplado el Todo de la mano de la sabiduría, fuente prístina del Universo.

Nada pertenece ya a las elecciones (dualidades) porque ellas son el único producto de lo material. Cada detalle, cada extremo le pertenece al hombre aún no nacido.

Los Elderes y jerarquías contemplan, en total fraternidad y amor, la mirada con la que se transita la verdad. Los puentes albergarán los tránsitos que cada Iniciado realizará para su continua reconciliación y resurrección, para finalmente reencontrarse con su compromiso, su Origen Cósmico.

LOS ELDERES ESCUCHAN Y LOS DRAGONES HABLAN

Vientos cósmicos traen estelas azules que con decidida fuerza golpean las puertas de los salones de los Elderes.

Dragones celestiales susurran a los oídos de los maestros que con silencio eterno escuchan las voces.

Dicen con clara luz lo que allí en la esfera amada, trasciende:

El semihumano recorrerá el camino, el que aún está abajo y en el que al transitar hallará su fortaleza, que se presentará en escalas. Aquel que sentirá voluntad infinita se descubrirá entre sus propios velos y el camino será su elevación en cada paso. Antes de cruzar los pliegues, finas líneas entre la materia y lo eterno, sentirá cansancio.

El corazón expresará su expansión impulsando el vuelo que desatará los nudos.

La fuerza traerá quiebre y dejará las manos libres para reordenar en silencio. Mientras, sentirán el tiempo de los armónicos, acción fraternal de todas las jerarquías.

Terminado el aliento, los Dragones celestes se retiran, en reverencia ante el lugar sagrado.

Y los sabios se recogen.

LA CÚPULA DE CRISTAL DE LOS ELDERES

La prolijidad de la existencia nos alienta al ascenso primordial donde las jerarquías aguardan para compartir reverencias.

Los salones de los Elderes esperan cada ascenso, cada sabiduría, para observarlas en infinito respeto. Es tiempo de compartir, es tiempo de círculos en pureza.

Los sabios propondrán cúpulas de cristal y el ascendido habitará allí en silencio, comprendido en total desnudez. Las formas, el sonido y la manifestación serán observados desde allí en todos sus ciclos, se respetará en una oferta de amor la ilusión del vivir.

La contemplación animará el comprender desde el mayor compromiso hacia cada manifestación humana. Los tiempos juegan entre ambos. Los ascendidos podrán recordarse en el presente de caminante.

La cúpula de cristal será su cuerpo, ahora transparente. Los otros caminos aguardan.

Reflexiones

Avanzamos sintiendo el movimiento cada vez más notable, afianzando los cambios, perceptibles a flor de piel. La simbiosis con la naturaleza es total. El transcurrir de los meses y nuestra estadía diaria en el entorno de Casa Origen nos fue entrelazando con los tiempos de los árboles. Y fuimos empatizando con el transcurrir, fuimos mudando cada parte de nosotras, aquellas que no tenían sentido, al igual que las hojas de los árboles caían secas y se despedían sin prisa, conscientes y seguras de haber cumplido un ciclo. Los días fueron pasando y el invierno avanzó. Nosotras vamos desmenuzando experiencias, memorias; llamando desde el corazón a las nuevas geometrías de los caminos lumínicos.

La esencia es el fin, el Origen es la constante donde todo va teniendo sentido. Aceptamos con mucho amor cómo la Naturaleza nos unió a su esencia, permitiéndonos permanecer y ser ese mismo tiempo en su tiempo. Y ahora, después de todo el proceso de purificación, vemos unos potentes brotes en las puntas de las ramas de los árboles, ellos miran hacia arriba, apuntando al cielo y bañándose de la energía celeste del universo.

Sentimos que en nosotras también se asoma un inmenso alivio, imperturbable, el descanso se acrecienta porque al fin ya estamos atravesando la puerta que nos instala en la Humanidad. El corazón se amplía, la luz se vuelve nítida y ligera, permitiendo que se ilumine todo en nuestro interior, aportando expansión. Sentimos la simpleza de estar unidas a un todo real, definitivo. Los caminos habían sido transitados y ahora todo está abierto; la información, los contenidos que habían estado resguardados por los hermanos universales se hallan disponibles, esperando a que los tomemos y que les ayudemos a seguir los senderos hacia la humanidad.

La Naturaleza se abrió cada vez con mayor notoriedad. Ella aguardó primero a que permaneciera en nosotras el ejercicio diario, la voluntad imperecedera de despojarnos, también, de nuestras hojas caducas, alentando la inmensa comprensión del espacio y las formas, el alejamiento de la materia ruidosa y la aceptación de la liviandad de nuestra biología unida ya para siempre al universo.

Nos aportó la impronta del ejercicio de desprendernos, de soltar. Nuestra biología sujeta de manera casi imperceptible, retiene. Cada órgano tiene el hábito de hacerse cargo de las experiencias nacidas de las emociones, las ideas y de los pensamientos, de las realidades que forman los entornos y los deposita en lugares impenetrables, bien ocultos. Esto carga de manera permanente y tapona la entrada del oxígeno divino.

Nos alentó en las caminatas qué hacemos a diario, el observar a la vera del sendero, nos iluminó, nos guio y nos aportó su sabiduría, transformando cada borde del camino en un jardín verdoso. Allí donde se asomaron un sinfín de plantas, hojas sanadoras, colores estimulantes: una botica natural se formó ante nosotras.

Cuando habitamos el silencio, el estado eterno de total permanencia, la armonía con la pertenencia universal, allí se asoman los maestros, aliviando cada proceso, cada ciclo. La complenitud aparece con mayor fuerza para quedarse.

Las voces que conforman el estadio de la Naturaleza comienzan a envolvernos, nos desanudan, nos liberan, haciéndose cada vez más potente su lírica coral, invitándonos a unirnos a la métrica cósmica.

El escenario nos volvió a recordar que es hora de soltar, aliviar el cuerpo. La esencia no acepta transitar junto al peso. Mientras acariciábamos las hojas del dispensario natural, la Naturaleza puso en nuestras manos la desnudez de la verdad, la pureza, la entrega, la luz y el agua. Nos invitó a limpiar nuestro recipiente, nuestro interior, desdibujó el horizonte. La existencia está para habitarla en toda su extensión. Los caminos corren hacia todas las direcciones, los hilos dorados nos aguardan para unirnos a ellos.

La encarnación es un ciclo, un estadio, una oferta.

El universo nos recuerda que esta oferta debe ser prolija. El tiempo en su transitar nos muestra su ejercicio reparador, el presente, apagando en él su inmadurez. Cerrando ciclos de aprendizajes. La madurez cósmica nos invoca a expresar renovados cantos, animados por un sonido de fondo casi imperceptible, elegante y refinado a la vez.

BIOGRAFÍA DE LA AUTORA

Elder Lavergne es argentina, aunque a los veinticinco años decidió irse a vivir a España y explorar el llamado de su corazón hacia aquellas tierras del hemisferio norte. Este hecho le llevó a cultivarse en su silencio interior realizando asiduos retiros espirituales en la Naturaleza. Allí también se formó como escritora.

De regreso a Argentina en el 2013 dedicó su saber interior a escribir parte de su camino y experiencias profundas que vivió.

En su primer libro El Despertar, el comienzo de Origen Estelar narra algunas de ellas (www.viajerosestelares.com/libros):

Todos tenemos un origen estelar y somos almas que surcan el universo cumpliendo nuestros propósitos. Anael como otros seres profundamente espirituales antes de ella, debió sortear un complejo proceso de transformación para adquirir la plena conciencia de quién era y de cuál era su misión en la tierra que habitamos. Al describir ese proceso no sólo pretende arrojar luz sobre el génesis de Origen Estelar sino también narrar una historia en la que muchos encontrarán una fuente de inspiración. Entenderán que definitivamente nuestro verdadero hogar está en las estrellas, de las que hemos partido un día, con la misión de convertirnos en parte del concierto universal de conciencias que Dios ha creado en su infinita bondad y magnificencia.

Es coautora junto a Anael del libro Mahindra, La Luz de Las Jerarquías ebook disponible en www.viajerosestelares.com

Mahindra es una Jerarquía cósmica cuya esencia es primordial en el acompañamiento de la formación de la raza humana. Este manuscrito es el resultado de la transferencia y comunicación que Anael y Elder han tenido en este último tiempo. Su voz y mensajes son de una relevante actualidad, por su valor y magnitud.

Actualmente reside en Mar del Plata, Argentina.

Elder Lavergne es Cofundadora de Origen Estelar y Editorial Origen Estelar y Directora de contenidos del Magazine digital Universo y Realidad

Imparte seminarios y talleres de filosofía cósmica, acompañando al individuo en su camino de autoconocimiento.

www.universoyrealidad.com

www.viajerosestelares.com

www.origenestelar.com

www.origenestelar.com

www.universoyrealidad.com

www.viajerosestelares.com

@origenestelar

@editorialorigenestelar